Le
CONCOURS RÉGIONAL
DE SAINTES
Jugé par un paysan saintongeais

POÉSIE PATOISE
Par M. GEAY-BESSE

Lue par l'auteur à la soirée littéraire, donnée dans l'ancienne salle des assises,
au profit des INONDÉS DU MIDI,

LE 12 JUILLET 1875

Prix : 50 centimes

Saintes imprimerie Hus rue Saint-Michel 13

Le
CONCOURS RÉGIONAL DE SAINTES

Jugé par un paysan saintongeais

POÉSIE PATOISE

Par M. GEAY-BESSE.

CONCOURT RÉJHONAL DE SAINTES
1875

AVANT PREPOU

Pr'in jhourl de grand marché jhe seux vinyut en ville
Vendre dés prévision aux femme étout aux fille.
En retornant cheux nous j'hai visé sut'in mur
Ine affiche si grande qualle avait pre le sûr
Mai de dix pied de jhaut, alle était mirolée
De toute lés couleur entre zelle mélée,
Dau rouge avec dau bian, dau négre avec dau biut
Jhe l'auris be lisue si jhe zouavis pouyut,
Mai le malheur était que jhe savis pas lire.
In monsieu qu'était là, qhui regardait li tout
Et qhui zou bireuillait d'in bout à lautre bout
Prenit la premission de veloir me zou dire ;
Pre lor i mat'appris dans troi ou quatre mot
Que le monde de Sainte aviant fait le compiot
D'entreprendre entre zeux de fère ine assembiée
Coume on n'a jhamais vut dépeux ben des année.
I l'avant batisée d'in nom original,
Non dit qhui l'appelant le concourt réjhonal.

O s' rat' encore pû biâ que pre la Saint Itrope
Et non vindra zou voer dés quat', coin de l'Irope.
Jhe ne manquerai point moi tout de zi venit
Avec ma mésounée que jhe vâ avretit.
Jhe m'en vas zou conté au ghen de mon villaghe
Qhui zou dairant pretout dans tout le voésinaghe.

1ʳᵉ JHORNÉE

—

Au bout de thieuque temps que j'havon attendut
Le vingte trois de Mai est don enfin vinyut
Jhe partission tretous joyeux et sans contrainte
Et jhe me seux rendut avec ma femme en Sainte.
Alle avait mis thieux jhourt son pu biâ cotillon
Et sa bianche cornette, ses broquin à talon,
Soun' espincer de soie, son fouloir de dentouelle.
Ben prou n'auriant pouyut se frotté aupré d'elle,
Enfin mes bon zamit avec ses bias atourt
Alle était, ma foi Dieu, jholie coume in' amourt.
J'hemmenission étout Toinet et Adeline
Deux jholi che d'enfant, o faut voër thiellez mine !
Deux chermant cherlubin ! fighiuré vous més bon
Deux œu frais qu'à matin deux poulette auriant pon,
I sont be tout craché le portrait de leu mère
Et n'avant rin de moi, jhe seux pretant leu père,
De thieu ne disons reun et nous arréton pas
Allons voër vitement ce que non fait là bas.
O li at dessu le Court mais de deux cent musique
Non garde pre de sér dés'étoéle élétrique.
I fasant in sabat que non ne s'entend pas,
I l'avant dés banniére et nombre de drapiâs,

Dés tambour, dés trombion, dés fiute et cormenuse
Et dés trompette don ! Vous répond quo l'amuse,
Et i marchant en rang coume dés vré soudart
Escarpinant la ville avec leu z'étendart.
I chariant leux musique au bois de la Marine,
Couchant à l'hopitau, zi fasant leu thiusine,
Enfin més bon zamit jhe lés'avons segut
Pretout vour'il alliant tant que jhavon pouyut.
Mai à la fin dés fin ma boune Jacqueline
Et mon petit Toinet et sa sœur Adeline
Etiant si fatiqué, il'aviant si grand chaut
Que ma femme dessit : arrête don Michaut,
Jhe son tretoû crevé, ménagheon thiellez drole,
Faut songhé que demain Toinet vat'a l'école
Et o l'ést loin détchi, dit-elle quà dessit,
O faut poin'abusé de thieux paure petit.
T'as réson faut-allé manghé ine goulée
Et peux jhe nous rendron à la grande sérée,
Aussi beun, tendre ami, jhen peuvons pû de soët
Jhe nous arrêterons au prémier cabaret ;
Nous velà jhustement à drait de la rue Basse
Jhe manjr'on, jhe boéron, o l'ést thieu qhui délasse !
Entron don vitement et fason nous sarvit,
Eboughé vous zenfant jhavon boun' appétit,
Apporté dau fricot avec de la sardrine
O l'ést'in piat qhui piait tréjhou à Jacqueline
Dés zœù, de la salade et surtout dau bon vin,
O nous repouserat et nous fera dau bin.

Jhavon be resté là ine boune heure et d'mie,
Que jhavon fait tretoû que tordre et avalé,
Apré quoi jhe dessis : allons ma chère amie,
O n'est point que le tout, o faut nous en allé,
Jhallons nous rédighé dau couté de la piace
Et jhe nous mélerons avec la poupulace.
Il'allant preparé la retraite au fiambeau
Non dit qu'on n'a jhamais rin miré de si beau
Non vat'eluminé la piace Bassompiarre
Pass'quo écliarcirat le son de la fanfare.

Il avant estallé avec dés grand trétau
In pianchet enmanché dessus dés soulivau,
Au moyen de tout thieu non à fait ine estrale
Pre peuvoir ésément destribué lés medrale.
Il allant coumincé et chaq'din leu tourt
Thiellez qhui sont montut prenonçant dés discourt,
Entendé vous d'abord parlé monsieu le Meire
Apparamment qhui dit de ben jholi zafére
Puss'qhuil'appiaudissant coume dés enraghé,
Pre moi jhe n'entend reun, jhai pas pouyut ranghé
A couté dau balcon, o y avait tant de monde
Qhui m'auriant étouffé, le diabe lés confonde !
Mai devrait-tou duré, més bon j'husquà demain
Jhappiaudirai moi tout de la goule et dés main.
Enfin il avant fait approché lés banniére
Et leuz'avant offrit en fasant dés maniére
Dés medrale attachée avec dés biâ riban,
Vous répond més amis qhui s'en allant contan
En retornant chinzeux thiellez Zorphéonisse,
A r'voir mes bon zenfant, le bon Dieu vous bénisse !

Asthoure faut songhé d'allé courit'ailleurs,
Voyé vous tout là bas thiellez biâs'artilleurs
Qhui montant à chevau avec dés grand chandelle
Et peux thiellez fiambau qhiécliairant avec zelle
Et le souleuil de neut et tout le trembieument,
Lés trompette et tambour de tout le réghiment.
Tout thieu va galopé lés faubour et la ville
Et presoune à cot sûr ne se fera de bile
Ben prou qhui n'aviant vut de retraite au fiambeau
Peurant dire à thieux cot quo n'iat rein de pu beau,
Thiellez sapeur barbut qhui se trouvant en tête
Et le tambour majhort' arrangeant beun la fête,
Et la musique étout qhui fait trejhou piaisit
Et que finalement non va voër revenit,
O faut dire de vré que thiez jholie musique
Aviant fait oubliyé la lumière élétrique
Mai en passant le pont lés réyion dau souleuil
Etiant si pénétrant qhui nous tiriant les zœuil.

Si le souleuil dau jhourt était en concurrence
Qhui sait lequel des deux aurait la preférence ?
Mai tout thieu més'amit nous à fait veillé tart
Et o n'est pas ben pré décthi jhusqu'à Lajart
O l'ést temps de partit o l'ést déjhà dix heures
Et p'rarrivé là bas o nous faut ben deux heures,
Jhallons nous mettre en route, o l'ést moi qhui zou di
Mai jhe sons si content que jhe r'vindrons jeudi.

2ᵐᵉ JHORNÉE

Mai la velà rendue thielle brave jhornée
Et jhe vas repartit emmenant ma chambrée....
Asthoure voyé vous, qhui nen avant gouté
Thiellez paure zenfant veudriant zi resté
I nen parlant trejhou de la ville de Sainte,
I nen devindrant fou, jhen ai trejhou la crainte.
Enfin que velé vous faut leux fère piaisit,
Jhe nen profiterons nou étout in petit,
Tout ce qhuil'avant vut leu za torné la téte
I n'obehirant jhamai thielle chermante féte.
Aux prémiére méson quétou que jhavons vut ?
Des drapias national à toute lés fenétre.
En avançant pù loin qu'avons jhi entendut ?
Lés tambourt qhui battiant. O n'est pas tout peut-être
Quand j'harrivion au coin de l'hôtel Brejeron
Jhentendission peté in groù cot de canon.
Toinet chéyit de thiù en se grattant l'oreille,
Jhétions tout étouné d'ine chouse pareille.
Allons releve te n'ait pas poure capon
O faut t'accoutumé à thieux brut de canon,
Quand tu seras soudart tu nen vérras ben d'autre
Et o faudra marché aussi ben que lés autre.
Mais nous velà déjhà rendut dessus le Court
Et jhallons devalè dau couté dau Concourt,
O l'est thieu qhui ferait in fàmeux champ de foére :
Non zi trouve de tout, à manghé et à boére,

Non zi voët dau béthiér, dés bœu et dés chevaux,
Dés zoéye et dés mouton, dés vache et dés tauraux
Etrillé, ben polit de la quoue à la téte
Non'at jhamais tant vut de si suparbe béte ;
Non'ést abasourdit quan'on voët dés mouton
Qhui sont tretous si gras qu'o l'est bénédiction.
Peuvis pas me lassé de miré thiellez tore
J'hai fait trois fois le tourt pre lés revoër encore.
Avance don pepa quo me dessit Toinet
Dimedon si t'as vut jhamai pu biâs goret
Le jholit'animau ! i crevrat dans sa grésse,
Si de l'estarminé son bregeois ne se présse.
O s'rait pretant demaghe répounit thieuque din
Si non'était privé de manghé sés boudin,
I devrant étre bon, disé don Jacqueline
Et jhe veudris demain lés voër dans ma quieusine,
Vous n'étes point pignot, dit-elle quâ dessit,
De voure sorté vous avec voutre appetit ?
Mai sti, jhai dejhuné à matin de boune heure
Et o s'rait pretant temps que jhe dinisse astheure.
Hié be, mon boun'amit, allé vous contenté
O y at'in cabaret pre là de thieux couté.
I nous a qhuitté là au mitant de la prée,
Et pre dire le vré j'hen étis point fachée,
Jhe nen avis hassé de thieux damné bavart
Qhui nous à déjhà mis in petit en retàrt.
O faut nous dépéché a visité lés béte
O y en at si tel'ment quo fait torné la téte,
Si vous velé zenfant j'hallons fére le tourt,
Et jhe nous trouvairons devant la basse court.
Jhe cré que de thieu bort o n'y à pas tant de foule
Et jhe peurons meux voër lés canet et lés poule
Tretous m'avant segut jhe nous approchission,
Le monde se seguiant coume ine procinsion.
Pre lor jhavancissions tout aupré de leu caghe
O y en avait be tant quo fasait deux étaghe.
D'abort pre coumincé jhavisions dés perot
Qhui nous avant sasit, faut point mâché le mot

Il'étiant aussi groùs que non peurait zou dire,
Il'étiant aussi bian quo serait de la cire.
Apré avoër lautemps bireuillé thiez dindon
Jhe nous son decidé à viré lés talon.
Là jhe nous son trouvé dans le quartié dés poule
Follut nous faufilé en travert de la foule,
Jhe n'avis jhamais vut de ma vie tant de jau
Lés in étiant dupé mais trotous étiant beau
Vous répond qhuil'avant'ine belle prestance
I fasant grant'houneur à thieu là qhui lés panse,
Pre la majhorité i sont de Barbezieux,
Il'avant'in'air fier qhui saute drait aux zieux
Sans compté més amis qhui levant'ine téte
Quembelzit leux groù bet et leux suparbe créte.
Faut pas compté pre reun non più leux biàs zargot,
Leux manifique quoue et leux si biàs jhabot
I sont si treleusant quo baille la brelû
Quan'on lés voët lautemps, apré non zi voët pù.
Allon in p'tit pu loin avançons nous més bon
Vené de mon couté j'hallons voër lés pigeon
Tené regardé don velà in fameux péire
Aussi groù que dés'oie ou beun s'en faut de guiére
Tené entendé vous fére leux roucoucou ?
Mais nen velà qhui sont tout petits pre le cou
I ne sont pas pu groù quo s'rait ine sandrille
O l'est à cauz' de thieu que leuz'espéce brille.
Nen velà dés jolit avec leuz'attirail
Il avant'ine quoue faite en vrait'éventail,
I fasant en marchant l'effet d'ine comtésse
Le dimanch au matin quant'à vat'à la mésse.
Avoure voyé vous velà dés capucin
Thiellez ne préchant pas, i fasant aussi ben.
O y en at d'autre enfin qhui portant à la patte
Piumet qhui leuz'avint et au cou la cravate.
Enfin finalement jhavons vut'à la fin
En regardant en bas grand nombre de lapin
Dés groù et dés petit, dés mâle et dés fumelle
O y en avait ben prou de bianche premi zelle

A l'étiant ben peignée, ben lissée thiellez là,
Dan'in coin jhavons vut'in groùs mâle angola,
Le pû fameux lapin que jhe vut de ma vie,
Veudris qhui set à moi, i m'a fait grant'envie,
Jhamai jhe n'avis vut'in pareil animau
I fait l'amiration dau concourt réjhonau.
Apré avoir passé et repassé lés béte,
Nous lés'être sacquée tretoute dans la téte
Jhe nous'en son' nallé devér le pré le Roi
Et jhavon vut thieux lon ben des chouse à la foi
O y avait si tel'ment grand nombre de charrue
Qu'a teniant quasiment lés deux bout de la rue
Et peux dés'évention et peux mil estrument
Dés machine à vapeurt et tout le trembieument
O follait voër tout thieu quant'o l'était en branle
O bredounait si fort qu'on ne s'entendait pas.
Et tené regardé, voyé vous pas là bas
De thieux grand badadra velà la roue qhui branle
A fait in brut d'enfer, non dairait vingt moulin,
Tac, tic, tac, qhui moudant'in saquaghe de grain.
O y at'in nombrement de batteuse glhianeuse
Dés fourche et dés râtâ, dés faucheuz'et faneuse,
Et si non vat pu loin non peut encor zi voir
Ine grant quantité de fouloir, de préssoir
Et dés coumodités... pr'amassé la vendanghe,
O faut pre voir tout thieu ine patience d'Anghe.
Oué o n'en finit pas o n'y a point jhusquau treuil
Quant vous passé davant qhui vous sautant au zœuil,
O l'est thieu quést ben fait, o lést thieu quést quemode
Quan'on zou queneutrat o vindrat à la mode.
Thieut qhui zouat éventé n'est foutre poin'in sot
Si jhe le queneussis jhe li lach'ris thieux mot.
Charghé sut'in chariot in chevau zou transporte
Pretout où vous velé, i va de porte en porte ;
Châque din à son tour qhui veut nen profité
En zou voyant passé peut zou fére arrété.

A prépoù jhavons vut sù le bort d'ine hurée
Ine boune invention pr'empéché la gelée

Dés carré de cartron dedans dés fil de fert
Que non fait manœuvré vérs la fin de lhivert.
Quant la veugne à poussé on zou pousse oṅ zou tire,
O l'est bin inventé, nia point de quoi nen rire.

Mai vour'ést-i fouré thieux qhui réussirat
A nous débarrassé de thieux phylosquérat
O s'rait foutiment temps qu'in moyen se trouvisse
O rendrait à tretoûs in signalé sarvice,
N'ia don pâ in chimisse qhi oge assé d'esprit
Pre qhui pusse eṅ trechant, bentoû zou déchiuvrit
I ne songhe don pas qho ferait sa fortune
Et la trouvaille enfin serait ben opportune.

Avoure més zamit pussque jhe son en train
Jhallon nous en allé dau couté dau jhardrin
O y at pre là dés fieur que non dit ben jholie,
Jhe peuron aussi ben rentré à l'Edustrie.
Jhe nous son approché tout proche dau pourtau
Mai quant jhe fuyons là : passé don au bureau
Quo dessit'aussitoû ine grant'escogriphe
Dont jhe nous sons trouvé tout d'in cot sous la griffe.
Quante non vint etchi vous sauré més'enfant
Que non zi rentre point sans douné de l'arghent
Sti-dit-i qhui dessit. Vous fouté vous dau monde
Que jhe li répounis, jhavons déjà poiyé,
Tené vous quemincé bentoû à m'enneuyé,
Que me chanté vous là, ne voé jhi pas dau monde
Qhui rentrant sans poiyé. Acouté moun'amit,
Si thiellez là rentrant, sti dit i qhui dessit,
I nen avant le droët pass'qhuil'avant dés carte,
J'hai le mot d'ordre moi, faut pas que j'men écarte
Et si vous résisté voilà le caporal
Que jhe vâ appelé, tant pis si o va mal.
Quant jhoyu entendut ronfié thielle parole
Jhe me seux retorné vérs ma femme et mes drole,
Et jhe leux zi ai dit : o faut point badiné
Pussquo faut de l'arghent, faut encor nen douné

Jhe nen finirons pas avec thiez cûre bourse,
Jhavon hureusement dés petite ressource
O nous rouannerat poin'encoére pre thieux cot,
Non, de me rouané jhe ne seux point si sot.
Allons més bon zenfant rentron zi tout de suite
Et regardons ben tout, ebougeòns nous ben vite.
Détchi jhusquà de sért jhe n'avons pas grand tamt
O faut nous éboughé de gàgné noutre arghent.
Jhentrions là tout drait dans thièlle grande sérre
Voure o lat'in jheu d'eau et dés belle zaféré
Dés'zorbuste à foëson et quantité de fleurs
Tretoute ben jholie, de toute lés couleurs,
Dés caghe, dés zozâs, et dés ban pre s'assire
O nyat rein de pû biâ, thieux cot on peut zou dire,
Ce qhui m'a tant piaisut o l'est tout à la fois
Dès rasin déjhà mùr, dés fraises à tous lés mois,
Non voyait avec thieu dés'espeurghe aussi grousse
Coum'o s'rait de la main lès quat'doët et le pouce,
Et peux jhe son été admiré le bassin
Entorné de roché au mitant dau jhardrin,
O jhavon trouvé thieu tout à fait admirabieu
Et peux l'eau qhui passait dans dés allée de sabieu
Et deux sîne tout bian avec leux p'tits piron
Qhui barbotiant dans l'eau en passant sous le pon,
Jhe l'avons travressé pr'allé voër l'edustrie,
O y at'encoëre pre là dés chouse ben jholie
En arrivant au bout dau jhardrin je voyon
In ballet qhui noumant jhe cré, in pàviyon
Qhui l'avant à l'esprès bâtit pre la musique
N'avis jhamai vu thieu, thielle chouse ést'unique
Mai o n'ést point vilain, o l'ést assé ben fait.
A gauche in restaurat qu'on appeule in buffet,
Non peut s'y rafréchit, zy boëre une chopine
Et manghé dau mijhot'ine boune trempine,
Mai nous velà rendut à thieux grand bâtiment,
Allant i, là étout demandé de l'arghent ?
Non.... i laissant passé, nen velà de la chance
Car o fait ben pensé qu'on revindra dimanche

Et que si non velait trejhou fére poiyé
O i at bel'chouse de ghen qhui seriant enneuyé.

D'abort pre coumincé, à couté de la porte
O i at dés cabinet d'objhet de toute sorte,
Vous répond que tretoû sont jholiment garnit
Dés corset, dés chemise et dés bounet de nuit,
Pu loin dau chacolât et de la marmelade
Dau cuir pré dés souyés, de la boune moutarde
Et dés pâté trufflé, des peigne et dés gâteau
Dés dentoéle, dés gand, dés draghée, dés chapeau
De la boune poumade et d'autre friandise
Dés mèche de cheveux, dés zornement d'éghlise,
Dés corde en fil de fer, dés coutas de Nontron
Et dés ghilet lacé, fremaghe de Tesson
Dés métié à brodé et dés machine à coudre,
Liqueur dés Pharamon, dés barrique et dés foudre.

Dés sabre et dés fusill o faut étoù parlé,
O lést encoére thieu qu'était ben estalé,
O y en avait in grand qu'avait mai de deux toise
Point quemode à porté. Là dessus ma bregeoise
Qhui voyait dans le fond in suparbe chalit,
Vin t'en don avec moi, dit-elle quà dessit,
Regarde don thieux lit, voé jhe t'en prie de grace
La belle courtepointe, ridà et boune grace
Jhamai jhe n'avis vut, Michâs in si biàs lit
Veuris qhui fusse à moi dit-elle stel' qua dit.
Hiébe ma boune amie o faut que tu t'en passe
Thieu n'est point fait, voé tu pre dés ghen de ta chliasse,
Jhe n'avons point d'arghent non piû pre zoajheté
Et de ce que jhavon o faut nous contenté.

Velà la neut qhui vint o faut changhé de piace
Et jhallons nous porté dau couté de la piace.
Ah! fouétre entendé vous thieux groüs cot de canon
Le monde zi courant, allons zi nom de nom,
Jhe ne dinerons point jhe frons thieux sacrifice
Jhe voyons pas souvent thièux feut d'artifice,

J'allons nous'estalé la bas dessus le quai
Et jhe nous souvindrons de thieu biàs mois de mai.
Zou voyé vous déjhà velà ine fusée
Et peux ine autre encor et toute ine tralée,
Ine affére inmitant coume in grant arrousoir,
Pre zou crére, més bon, o faut allé zou voir,
Encoére dés fusée, o changhe de tornure
A thieux cot i montrant'ine jholie fighure
O presente in pantin in vré porrichinel
Presoune jhusqu'à neut n'avait rein vut de tel
I danse et se remue coume f'rait in vrél'houme
Rin n'ést pú amusant que thieux petit boun'houme.

   De pu fort en pu fort coume chez Nicolet
Velà le grand moument j'hallons voër le bouquet,
O n'a jhamai parut'ine affére sembiabe,
Vous'allé voir mes bon, si o n'eit pas le diabe,
Au mitant d'in grand feut parait in laboureu
Qhui mene sa charrue en piquant sés deux bœu,
Il ést là sans branlé au mitant de la brése
O m'ést pretant'avis qhui n'ést poin'à soun'ése,
Mais tout thieu bouneghen pre li s'en va finit
I ne souffrira pú, le velà qhui bazit.
Pendant quo se passait les chandelle élétrique
Etiant tout'allumée, non fasait la musique,
Avec des feut de jhoie dedans dés grand bateaux
Tout garnit de lampion pendut'à dés cordau
Lés fusée, lés canon mélé à la musique
Fasiant mes bon zamit l'effet le pú maghique,
Lés casque dés pompiés treleusiant au souleuil,
La reverbération nous'acrasait les'zœuil,
Quoiq'ça més bon monsieur jhavons tenu la liée
Et jhe n'oubehirons pas thielle boune jhornée,
Et avoure més bon que tout thieu va finit
Jhallons nous en allé pre treché noutre lit,
Mai jhe nous lassons point, jhe revindrons dimanche,
Non dit quo s'rat encor ine autre pér' de manche.

3ᵐᵉ JHORNÉE

Malheurt'o vat finit', o l'ést le drenié jhourt !
Nostant jhe sons vinyut en ville fére in tourt,
Pussque jhavons tant fait d'assisté à la féte
Faut la voer tout d'au long, jhe serions ben tro béte
De nous arrété là, allons jhusquà la fin
Et dés'exposition ne nous fatiquons poin.

Lés bias'zart appelant aneut noutre presence,
Non dit qu'on na rin vut de pu jholit'en france,
J'hallons don coumincé pre le coumincement
Apré jhe finirons pre le finissement.

Jhentrons sans balancé dans la prémiére salle
Quétou que jhe voyons ? que le diabe t'avale !
O l'est'in vieut'amit, in vieut'ancien vieillard
Dau nom de Palissy, son petit nom Brenard,
I porte in bel habit tout chamarré d'harmine
Avec in biâ baret qhui releve sa mine,
Il'at ine grand barbe, il ést tout treleusant,
Créyé vous qu'il ést biâ de méme, mes'enfant !
Pussque j'havons si ben gardé sa queneussance
J'hallons pré coumincé visité sa fayence,

Tené regardé don, voyé don thiellez piat
Créyé vous, mes'amis qhuil' avant de l'écliat,
Qhui sont ben festouné,qhuil' avant un bias lustre
O fait biuté lés zeuil et o vous tarabustre.
Non zi voët à l'entour tout aussi ben qu'au fon
Ben prou de coquillaghe et tout piaint de poisson,
Dés'anguille, brochet, dès phlies et dés greneuille,
Dés mouchle, dés sourdon, dés bregau, dés cagueille,
O l'est'entremélé d'animiâ maufasant
Dés lézart, escorpion, tout'in'assortiment.
Mai o n'est point finit, o y at d'autre marvéye
Qhui sont'in p'tit pu loin, des nouvelle et dés véye
J'hallons fére le tour et ben fére étention
Car o n'en manque point, o y en at à foéson,
Y at dés pot et dés piat en quantité inmense
O y en at premi zeux qhui sont de conséquence
De Rouen, de Limoge et Chinois
Querieux dans leur forme et leur choix.
Faïence de Bourdeau et riche precelaine
O l'est surt'et sartain quà ne sont point vilaine
Thieuque din en passant m'a fait aprecevoir
Quo iat in piat surtout qu'ést manifique à voir,
I l'avant quasiment pretout rempehit d'imaghe,
A son poin'épargnée o i en a t'in saccaghe.
I at in'âbre au mitant, de l'écriture autourt
I l'avant appelé le grant'âbre d'amourt.
Sés branche sont garnie d'osâs qhui sont ben drôle
O l'ést des'amoureux qhui jhouant in vilain rôle.
I Disant aux fumelle qhui se tenant en bas
Vous auré biàs creié jhe ne descendrons pas.

  Pre lor chaquine à leu manière
  Allant leu fére des misére,
  D'Abord la charmante Isabeau
  Va pre leux changhé leux chapeau.
  D'ine main la belle Suzannne
  Va leuz'offrit dés cot de canne
  Et de l'autre avec in cordeau
  Entortille thiellez lourdeau.

La mère qhui se tint darriére
Leu parle de thielle manière :
I sont dés lâche et des poultron
Copé me l'âbre pre le tron
Fasé lés chére sû la piace
Pussque pre vous i sont de ghliace,
Allons, bon couraghe margau
J'he lés aurons piéce ou morceau
Dit-elle en prenant'ine scie
Cré tu qued'z'eux j'he me soucie
Vou trouvairé d'autres'amant,
Qhui vous aimerant tendrement. —
Thiellez gâs quétiant poin'aux noce
Se sont rendut à thielle loce
Disant : calmé voutre fureur
Nous vous allons douné nou thieur —
Vous fasé ben car le temps présse
O foudra nous aimé sans césse.
Là dessus i sont descendut
Avec dés'air sot et cadut. —
J'hai don trouvé thieu si cocasse
Que jhai dit faut que jhou retrace.
Tout s'que jhe conte là, pardié
Ést'écrit dan'in saladié.
O l'ést'ine jholit'histoére
Qhui vaudrait ben in cot à boére.

Dessus le méme rang o y at in cabinet
Qu'est si ben esculté qu'o l'étoune Toinet
Avoure qu'est'ou thieu ? Le diable te confonde,
Ne voé tu pas mon fi quo l'est la danse ronde ?
Mai i sont habeuillé mon pére tout en vart
Non lés prenrait tretous pre dés vré Lucifart ?
Queneut tu pas nigaud quo l'est de la fayence
Et que thieux piat leux sert d'ine salle de danse ?
I n'avant point dit-i ni veuze ni vieulon
Quement peuvant-i don dansé le rigodon ?
Tu voé ben, moun'enfant qhui ne sont poin'en foule,
I dansant entre zeux au branle de la goule.

Oh ! mai regarde tu thielle grousse sarpent
Hureusement pepa qui l'avant renfremée
Sans quoi sû mon chemin si jhe l'avis trouvée
Jhe me s'ris ben créyut à mon drenié moument.
Capon tu voé don pas qua l'est en precelaine
Tu n'as pas mai de thieur quin'échevau de laine,
Regarde don putoù thieux pahon tout en ort
Avec sa belle quoue, dairait-on pas qhui dort.
O y at'étout prelà dés ghliasse et dés pendule
Bordée de fieur en ort, de rose et renoncule
A ne sont pas dutout coume thiellez d'aneut,
A sont pû mirolée, o l'échliate o releut.
Si jhe velis nombré de tout ce que non offre
A la queriosité jhe citeris lés coffre
Avec leur chlioux doré qhui fasant tout'in rang
I sont tretous charghé de riches zesculture
Montrant tout les tabiau qhui sont dans la nature,
Ce que non doét surtout piacé au prémié rang
O l'est des mounaie d'or et dés belle medraille
Quant'on lés queneut pas qu'on met à la mitraille
Et pretant vous répond que thieu monte à l'argent
Si jhen étis charghé j'en seris ben content,
O y at encor là bas in vieux lit à quenouille
Coume non nen fait pû, jhe cré que jhe m'embrouille,
Ma foi o l'ést tro long, faut zou qhuitté, tant pis
J'hallons nous retorné dau couté dés tapis,
N'en velà qhui datant dau temps de la pucelle
Quant à lat'aux anghliais mis la puse à l'oreille,
Montue sù son chevau à prend soun'étendart
Et s'en vat'à leux nez le pianté au rempart,
Quant'il'avant soyut de Jeanne le couraghe
I se torsiant lés brat, il'écumiant de raghe ;
O n'a poin'empéché quant'il avant parut
Q'uavecque soun'épée à lés a tous vaincut,
Mai i se sont venghé lés câlin, les grand lâche,
Tretous teniant en l'air leuz'albarde et leuz'ache
Et pendant qual'était à prié le bon Dieu
Il avant, lés bandit, sut profité de thieu

Pre zi tombé dessus, il'avant empougnée
Et avec dés cordau i l'avant garottée
L'avant conduite à Rouen et sul'in buchelié
Thiellez brigand d'Anghliais l'avant faite brûlé.
Faut être ben chétit pre jeté dans la flamme
Sans j'honte et sans pitié ine si j'hiene femme.

Dans les autre tapis o y at d'autre sujhet
Non zi voët dés forêt, dés maison, des chalet,
Dés chasseur dau vieux temps qhui partant pre la chasse
Avec in tas de cheun pre tué lièvre et begasse.
In'autre nous fait voër gardeuse de perot
Avec soun'amoureux qhui li ghlisse deux mot.

Allons voër les portrait, allons changheons de piace
Et couminçons més bons, pre le songhe d'Horace,
Le voyé vous là-bas coume il est étendut
O l'est'in bias garçon qhui l'avant mis tout nut
Prequoi li avant-i don autroumé sa qhuilotte
Et ne l'avant'i pas thuvrit de sa capote.
O n'est poin tro décent. Regardé don zenfant
Velà un ghénéral, in'homme conséquent
Quat été gouverneur de la belle Saintonghe,
O y at lontemps de thieu, o fait l'effet d'in songhe,
Oué de la Seine Terre il était marichau.
Mon père thieu monsieu ferrait don les chevau
Que siébraillit Toinet, as tu predut la téte
Que jhe li répounis, faut que tu sé ben béte
Pre m'adressé mon fi thielle sotte question
Il était commandant de tout in bataillon
Et i ne ferrait point lés chevau que je pense
Tu voé ben que tu fai tort à tés queneussance.

Té vins don voir éclhi, approche te pu pré
Te souvins tu dau feu thiuré de Saint-Pallé
Est-i ben attrapé, ma foi Dieu i zi sembieu
Coume deux goutte d'eau qhui seriant misc ensembieu.
Et dessout voyé don la loge d'in couvent
Deux madame venant de zi rentré dedant.

Pre piaisit regardé thiellez face de moine
Pu dodut et pu gras que défint saint Antoine
Le peintre qhui zou a fait lés a si ben rendut
Que faut n'en convenit, n'a point manqué son but.

 Pre dessus à présent voyé thiellez trois drole
Qhui péchant au panié, y à tou rin de pu drole,
S'il attrapant dés chancre autant à châque cot
I l'auront tantou fait de rempehire leu pot.

 Voyé don tout en jhaut le qhlioché de Saint-Piarre
En bas la procinsion, o l'est assé bijharre
Mais o l'est imposant et tout à fait jholit,
Thiellez petit clierjon avec leux surpelit,
Fasant in boun'effet dans leux jhaquette roughe,
Lés prétre il encensant et leux jhetant des fleur
I sont don si mignon thiellez enfant de chœur
Quo me rend, ma grand foi, tout badeau et tout chouse,
N'avis rin vut encor qhui fusse si chermant,
Sans compté les thiuré darrière qui segant
Avec leux mantus d'or, avec leux belle échape
O l'est ben naturel, o n'est point ine attrape.

 Velá in p'tit tabiau qu'est tout à fait ben fait,
Oh! la drole de véye avec son p'tit goret
A nous vire le dos, à l'est toute penchée,
O faut li pardouné à zi fait la brenée.

 Mai thieu monsieu qu'est là que bireuille ti don ?
Jhe m'approche de li, o l'était in Chaudron.
I prend son mouchenez, il esseux sés lunette
On l'est apparamment pr'avoir la vue pu nette,
Oh! le jholi tabiau! in tabiau, quel malheurt!
Vous me fasé l'effet Monsieu, d'in grand farceurt.
Ne vous fouté don point dés ghen de la campagne,
De se moqué de zeux, disé, quétou qu'on gâgne.
Thiellez monsieux de ville en voyant in peisant
Se disant entre zeux jhallons rire in moument.
De thielle observation jhe vous demande ascuse,
Mai jhe sons point tro sot, jhe queneusson la ruse ;

Dans le cadre il'avant copé le chouse en ron
Jhuste pre zy fouré in bias et vré chaudron,
Regardé don putoù lés oréye et lés anse
Peurait-on coume thieu attrapé la sembiance.
Non, non, mon cher monsieu jhe sons point fait d'aneut
O ny at que le vré de méme qui releut
C'est à d'autre quà nous quo faut zou fére accréré,
Pre dir' la vérité su nous o ne prend ghuiére,
Pre lor jhe sons partit en virant les talon
Et l'avans thuitté là bireuillé son chaudron.

Jhallons nous rédighé devér' ine autre hurée
Et fére ine escursion pre là dans la contrée.

De la Roche-Courbon velà in jholi pian,
Après thieu les rochés de Vallière, à Royan,
Ine vue de Bussat, au bort de la Chérante.
Dés bateau de pécheur à la marée montante.
In chermant point de vue pre'in souleuil couchant
Tout thieu, més bon zamit est d'in cot dœuil touchant.
In tabiau ben jholit qhui fait piaisit encore
C'est la présentation dés châgne de Lagorre.

Tornons nous vitement vér thieux jheine dragon
O l'est vré mes'amit qhui'est jholi garçon,
I f'rait viré la téte à mai d'ine fumelle
Si se mettait en train de jhâsé avec zelle,
En attendant voyé s'il at'in'air hardit
Son grand sâbre au couté et son si biat habit.

Si d'allé au marché vous avé la coutume
Vous fasé prévision dés pu grousse légume
Avé vous jhamais vut dés pu jholi zognon,
Les pu belle carote quo y ait dans le canton,
Quel bias frut, quel rasin et quelle belle péche
Veudris mordre dedans, sai pas qhui m'en empéche.
Non trouve ecthi de tout dau poisson, dau ghibié
O l'est in masaguin ben garnit, sacredié !

Mai voilà sans mentit'ine jholit imaghe,
C'est la féte dés roi appelé les roi maghe,

Tout'ine mésounée, i sont pre le moin vain
Fétant le six jhanvié, le gâteau, le bon vin.
Thieux là qu'est au mitant, o l'est le grand mounarque
I l'avant courouné, pre là non le remarque.
I se levant tretoû pre peuvoir mieux trinqué
Non lés prend pre dés fou, i sont tretous toqué,
Le Roi boét ! le roi boét ! châquin remplit son role
Pendant qu'in accident arrive à l'in dés drole
Thieu l'enfant, mes amis à tant pris de gâteau
I nen a tant manghé que le thieur li fait mau
Il at'ine faibiesse..... pre lor tout en colère
Sa mère quétait là, m'entendé vous, sa mère
Le prend sus sés geneuil et li essuie son : O !
Ce que vous voyé là pre le cot n'est point beau.

Ne faudrait point pre thieu, més bon perdre de vue
Quo yat étout prelà dés belles'estâtue,
Faut mettre au prémié rang Le Chasseloup Laubat
Quat'été dans son temps in ministre d'Etat,
Il ést noutre pays coume monsieur Dufaure,
Jhe m'attend ben qu'in jhour jhe vérrons thieut'encore.
In'autre que jhe trouve encoére ben jholi
O lést thieux dau mitant, Rigaud de Genouilly.
Et thiellez vieux guerrié en'estatue de piarre
Qhui sont tout équipé, in p'tit pu loin pre darre
Crèyé vous mes bregeois qhui sont à dédaigné,
Il'avant aux biâs'art été ben désigné.
Quant d'in jholi musée non fera l'ouverture
I zy ferant encoére ine boune fighure.

Manque point d'autre chouse à conté, mais ma foi
Jhe laisserai thieux soin à tout'autre quà moi.
L'estation at'été assé longue, jhe pense
Avoure jhallons voër douné lés recompense.
Jharrivons de nouviâ sù le champ dau Concour
Que jhavons visité ensembieu l'autre jhour
Mai o lést ben changhé, au fond iat'ine estrale
Pre la destribution nouvelle dés medrale.

Non parle incontinent de douné les grand prix
Dont au quel lès vainqueur attachant tant de prix,
I sont là qhui ghiettant tretous dés recompense
Et qhui se sacquajheant sù thielle piace inmense
Non voët venit d'abord tous lés pu groù bounet,
A tout seigneur honneur, le Préfet sous Préfet
Monsieux lès'inspecteur de l'ordre supérieure
Et tous lès Député d'la Chérente Inférieure,
Monsieux les président, monsieur le Coronel,
A Lajard non jhamai jhavons vut rin de tel,
Et peux lès Conseillés segant monsieu le meire,
Avoure qhui sont là quétou qhil'allant fére ?
Velà qhui se mettant à l'entour dau bureau
Et qhui se préparant, étroumant leu chapeau,
Les'in dans des fauteuil, les autres dans dés chése
Enfin i s'arrangheant pre se mettre à leuz'ése.
Dans le coumincement i fasant in potin
Si tel'ment conséquent que non ni comprend rin.
Ah ! j'hentend le canon qhui annonce la féte
Tout thieu, mes bon monsieux ést'in vré casse téte.
Sù le champ dau Concourt si non jete lés zœuil
Non jhamai non à vut'in si jholi cot d'œuil.
Le monde zi grouillant tout coume dés pibale
Dan'in baquet piain d'eau ; que le diabe m'avale
Si jhavis vut dau monde aussi ébrenouillant
Pendant tout le concourt quo l'est en thieux moument.
Mai o vat coumincé jhentend la sérénade
Allons, faut nous viré dau couté de l'estrade.
Acoutons le discourt de Monsieur le Préfet,
Oh! coume i parle ben, coume o fait boun'effet,
Tout le monde avant l'air d'avalé sés parole
Et peux non appiaudit... que le piafond nen crole.
Tous lés autre monsieux prononçant leu discourt
Et o me tarzait ben de voir venit le tourt
De Monsieu Lemarcié. Messieux o faut se tére
Ne fasons pas de brut, voëlà monsieu le meire
I se leve, i s'avance et de thieux l'air qhui piait
I prononce in discourt quést si biås, si vous piait

Que chaque din surpris se regarde et s'aghite
Thiellez qhui sont auprée appiaudissant ben vite
Et i rappiaudissant, et quant'il à finit
On sait pù voure on ést, non ést tout ébahït,
O l'est sùr qhuil à dit des parole admirabe
Moi, jhai cougné si fort jhai la main qhui me sabe.
Enfin i couminçant pre la prime d'houneur,
O l'ést'in piat d'arghent d'ine grande valeur,
Pre in prix culturau c'ést'ine recompense
Qhui f'rat'uvrit lés zœuil aux laboureux de france,
O l'ést glorieux pre vous mon cher monsieu Putié.
Avoure vint le tour dau docteur Menudié,
Pre sa boune culture il attrape en passant
In prix quést évalué à deux mil cinq cent franc
O n'est pas tro vilain, c'ést'ine boune aubaine,
Vous fai mon compehiment, vous avé de la veine.

Et vous monsieu Félisc vous étes bin hureux
O n'ést poin'étounant c'ést le nom qhui zou veut.
Vous avé esploité si ben voutre domeine
Qu'on vous baille in biâ prix pre poiyé voutre peine.

Non à recompensé lés'autres zesposant
Pre dés belle medrale en ort'et en arghent,
Mai jhe ne peuris point vous en dire le nombre,
I sont tant, tant et tant, voyé vous, quo m'encombre.

Puis il'avant primé tou sorte d'animal,
Lès tore et lès taureaux, lès poulin, lès cheval,
Lès'oéye et lès mouton de race garonnèse
Ou de race Durham, Limousine ou Nantése,
Race de tout pays dau Nort'et dau midi,
Toute thiellet'enfin qhui sont vinyut écthi.
I n'avant point non più ninghlighé dans la foule
Les pigeon, lés lapin, ni lès coq ni lès poule.
Enfin i sont passé au machine, estrument,
O l'ést encoére là quo i en at jholiment.
Dès moulin à vapeur des machine oratoóre
O y en avait pretout pre devant pre darriére

Et non a medrallé avoure ostinément
Thiellez quétiant cité lés pu biâs'estrument
O y en avait be tant d'estalé sù la piace
Que de leu nombrement jhe veux vous fère grace.

O faut étout parlé dau produit dau pays,
O s'rait pretant jholit, oué, si jhe l'oubliyis.
Dés véye zeau de vie quétou quést la meilleure ?...
Thiellez de la Chérante et Chérante inférieure,
Lès juri décliarant quo lést lés pu bon crut
Et il'avant réson, o l'ést boune jhustice ;
Jhe m'en étis douté, j'zouavis trejhou créyut
Mai jhen étis pas sùr quoique jhe m'en doutisse,
Tout comptant o l'est sùrt puss'qua l'avant le sort
D'avoir été primée de la medralle d'ort.

Quétou que j'entend là, in cot de grousse quésse,
O l'ést pre avretit que la siance césse.
En infet voyé vous, le monde se levant,
I prenant leux chapiâ et peux i s'en allant.
Jhe sons tretoûs chermé de la cérémounie
Et jhe sons ben fâché qua set déjha finie,
Mai o ne dépend pas de noutre volonté
Et jhe nous soumettons à nou'zautorité
Sitoû qhui sont partit coumince le tapaghe,
O l'ést'in brouillement, o l'ést'in vré saquaghe,
Toute la paupulace à là cot veut sortit
Et lés porte là bas ne peuvant pas vretit.

Velà le soir venut, le canon recoumince
Et nous envoie, més bon, dés pet qhui sont pas mince,
Non vat'éluminé pass'quo ne fait pù jhourt,
I posant dés lampion pretout dessus le court,
Coume pre la sérée de la fête nautique,
Il allumant étout lés chandelle élétrique
Tout thieu fait-in'effet, cher amit si brillant
Que jhe m'en souvindré pendant mai de cent an
Encoére sans compté thiellez feut de bengale
Qui émitant l'enfert ! que le diabe t'emballe !

I lés'avant pretant pretout ébrenusé,
D'in bout à lautre bout le cour'ést abrasé ;
Mai voyé si vous piait, qu'elle jholit'ensembe
Tout thieu quést devant nous ne fait que feut et fiambe
Pre moi, mes bon monsieux, me voyé vous badé ?
Tant mai jhe zou regard', mai jhe veux regardé.
Jhe seux trejhou segut de ma femme et ma fille,
De mon petit Toinet et toute la famille.
Thiellez paure zamis m'ont poin'abandouné,
De ce qhil'avant vu i sont si étouné
Qhui ne se créyant pû être dans la saintonghe
Et disant qhuil'avant oyut'in jholi songhe.

Dans thieux méme moument o s'ést mi à mouillé,
Mai si fort et si fort quo lés a reveillé,
O l'at tout étéindut lés lampion, lés chandelle,
La grand foule à bazit, alle à rentré chin zelle.
Jhavons partit étout apré le groù bouillart
Pre'allé rencontré la route de Lajart.
La phlieue chéyait trejhou, mai in petit pu fine
Et pré nous consolé, ma boune Jacqueline
Qu'est farceuse tout piain, en reïant me dessit :
Voé tu mon bon Michâs le bon Dieu nous bénit
Et i béni étout en même temps la féte
I pense quâ tretous faut qhui lave la téte.
Mai nous velà rendut dit-elle, stel'qua dit,
Allons soupé ben vite et gagnons noutre lit.

(Reproduction interdite).

www.ingramcontent.com/pod-product-compliance
Lightning Source LLC
Chambersburg PA
CBHW060718050426
42451CB00010B/1510